påOrø

påOrø
© *2016 HJH Hans Joergen Hersperger*
Forlag: Books on Demand GmbH, København, Danmark
Tryk: Books on Demand GmbH, Norderstedt, Tyskland
ISBN: 9788771705676

HJH Hans Joergen Hersperger

påOrø

påOrø

er der ikke
langt
fra
tanke til handling

der er
dårlig plads
til
omveje

påOrø

har præstekonen
skabt
kroen

andre steder
var det
fanden

påOrø

kalder de
bakker
bjerge

det
vokser
de af

påOrø

må man kun
komme
ud af øen
hvis
man kan
ramme
en færge

påOrø

beholdes kulturen
i beholdere
stakkes musikken
i lader
svejses guder
i jern
males historien
på vægge

resten monteres
i ord sten træ glas hud
og
sandtornlagekage
og
burgere

påOrø

rykker folk
sammen
om sommeren

om vinteren
rykker
Orø
folk sammen

Or-ø-lommer
  -nsketid
  -ro
  -kologi
  -l
  -æg
  -kuller
  -konomi
  -kontor
  -ost
  -vin
  -ase
  -

hjert-ø-formet

påOrø

kan man
nemt
falde i vandet

men
det er svært
at synke
dybt

påOrø

fandt margrethe
et kors af guld
margrethe den anden
fik en kopi
men margrethe den første
gav det oprindelige kors
til oluf
hendes søn

men det var ikke
den margrethe
der fandt
korset
det var den anden
hun hed
hansdatter

påOrø

bliver folk
milde
når de mødes

det er
her
slaget
skal slås

påOrø

har tordenskjold
nok aldrig
været

men
hans soldater
bor
der stadig

påOrø

er der kænguruer
de er
langt
hjemmefra

de bliver passet
af nogen
der ved
hvad
det handler
om

påOrø

tømmer folk husene
og stiller
det hele
i skolegården

klokken to
tager folk alle
naboens
ting
med hjem

skolen får
en popkornmaskine
for
ulejligheden

påOrø

kan
et græsstrå
blive til
et mirakel
og
et mirakel
til et græsstrå

Mere af samme forfatter:

cd "No Words og andre ord "2008
lille bog "Alt om Vallekilde" 2011
single "HUSK NU" 2011
cd "det bliver mørkt nu" 2013
Læs mere på : hjhmusic.dk